AF250882

LES LECTEURS
DU JOURNAL A UN SOU

A MESSIEURS LES DÉPUTÉS

DES DÉPARTEMENTS

RÉCLAMATION DES TRAVAILLEURS

PRIX : **15** CENTIMES

PARIS

IMPRIMERIE CENTRALE DES CHEMINS DE FER

A. CHAIX ET Cᵉ

RUE BERGÈRE, 20, PRÈS DU BOULEVARD MONTMARTRE

1868

Nous sommes quarante-trois ouvriers dans la grande fonderie de fer de la rue de Lourcine ; moi, l'un des vieux, je suis contre-maître. Je dis vieux, car, si je n'ai que cinquante et un ans, en voilà trente-six que je travaille au milieu du fer et du feu, et, vous le savez, ces campagnes-là comptent double.

C'est donc comme chef d'atelier et comme ancien que les autres me chargent de vous dire nos raisons relativement aux *journaux à un sou*, que nous lisons presque tous et dont on veut nous priver.

La rue de Lourcine est loin du pont de la

Concorde, et les nouvelles de chez vous nous arrivent un peu tard. C'est hier seulement que nous avons su ce qui se passait à la Chambre.

On nous a appris que vous faites une loi sur les journaux politiques, que vous allez permettre à chacun de fonder un nouveau journal, s'il a assez d'argent pour ça ;

Que, s'ils ércivent des sottises, les journalistes seront jugés par les juges de tout le monde et non plus par les ministres ou les préfets comme ci-devant ;

Enfin que l'on réduit le prix du timbre que les journaux paient depuis longtemps.

Il paraît que vous avez parmi vous les maîtres ou les chefs des deux plus grands journaux politiques de Paris, LE SIÈCLE et L'OPINION NATIONALE.

La diminution du prix du timbre leur donne

à chacun un beau bénéfice. Le propriétaire du
SIÈCLE y gagnera 180,000 francs par an et celui
de l'OPINION NATIONALE 90,000 francs.

C'est un joli denier ; mais cependant ces
messieurs ne veulent pas s'en contenter, ils
ont la prétention de doubler et de tripler
même leurs gros profits, en rejetant sur nos
Journaux à un sou une autre partie de leur
timbre.

De cette manière, ils gagneraient des sommes
folles, et les journaux à un sou, que nous lisons,
seraient tués sur le coup.

Si l'on ne me trompe pas, ces journalistes de
chez vous ont été autrefois, l'un juge de paix
en basse Normandie, l'autre consul dans les
pays sauvages de l'Amérique, et là-bas, ce
consul a dû rendre aussi la justice et protéger
les faibles.

Ils ne se souviennent guère de leur ancien

métier, car ils ne sont aujourd'hui ni justes ni généreux, l'un et l'autre veulent tout prendre pour eux, et si gros qu'ils soient, ils veulent s'engraisser encore en ruinant les petits.

Ce procédé n'est pas louable; mais il y a quelque chose de plus extraordinaire, c'est que l'un de vous, que vous écoutez volontiers, parce qu'il parle bien, parce qu'il est sage, parce qu'il sait trouver des biais pour satisfaire tout le monde, quand tout le monde est dans l'embarras, c'est, dis-je, que cet homme si raisonnable, M. Segris je crois, a donné dans le panneau tendu par les journalistes et qu'il a parlé comme eux ou à peu près.

Les journalistes avaient dit :

On fait payer aux journaux politiques un impôt qui est très lourd; mais il y a d'autres journaux qui ne sont pas politiques, ceux qu'on appelle les *littéraires*, quoiqu'ils ne le soient pas beaucoup; pourquoi ne payent-ils pas aussi? C'est une vraie partialité ! Le gouvernement leur fait chaque jour un cadeau en n'exigeant pas le timbre; il donne comme cela, rien qu'au *Petit Journal*, SEPT MILLIONS par an, à la *Petite Presse* il donne TROIS MILLIONS et aux autres à l'avenant. Et puis, ces journaux non politiques, les *littéraires*, ils sont très-mauvais, très-immoraux, ils font reculer la civilisation, ils abêtissent le peuple, tandis que les nôtres, oh ! les nôtres ! etc.

Je ne vous en répète pas davantage, parce que ce serait trop long, vu que celui de vos journalistes-députés qui sait parler, a beaucoup de faconde, et il fait bien, l'autre étant muet, ou peu s'en faut.

Que ces messieurs racontent pareilles choses, je le comprends, ils prêchent pour leur saint, je veux dire dans l'intérêt de leur fabrique, de leur boutique; mais que M. Segris, homme conséquent, et que d'autres parmi vous, qui ne le sont pas moins, aient reproduit à peu près les mêmes propos; que vous ayez chargé votre commission d'examiner ces billevesées, voilà ce que je ne comprends plus, et je vous demande la permission de vous prouver avec mon gros bon sens :

Que vous ne devez pas faire payer de timbre à nos journaux d'un sou ;

Que, loin de leur nuire, vous devez les favoriser.

Premièrement, on assure que le timbre est un impôt.

Qu'est-ce que c'est qu'un *impôt?*

C'est l'argent que chacun de nous paie au gouvernement, afin d'acquitter sa part des dépenses publiques.

Pour qu'un impôt soit bon, il faut qu'on le

paie sans gêne, sans s'en apercevoir pour ainsi dire; il faut surtout qu'il ne nous empêche pas de satisfaire à nos besoins les plus exigeants, comme de manger, de nous vêtir, de nous loger, de nous instruire.

De tout temps, on a mis un impôt sur les journaux politiques, et on l'a payé sans peine, parce que ces journaux sont choses de luxe; oui, choses de luxe, qui ne nous sont pas destinées à nous autres travailleurs, et je vais le montrer.

D'abord il n'y a que les gens riches qui puissent consacrer le temps nécessaire à la lecture de tout ce que contient une grande feuille de 15 ou 18 longues colonnes, imprimée finement et qui paraît tous les jours;

Puis il ne suffit pas de lire, il faut comprendre ce qu'on lit. Eh bien! la manière de parler des hommes de journaux n'est pas du tout la nôtre ; nous trouvons à chaque ligne des mots inconnus ; les choses dont on s'occupe, nous ne les savons pas d'avance ; si bien que moi, par exemple, malgré toute l'attention que j'ai le soin d'y mettre, quand j'ai lu un grand journal : ce qu'on a voulu dire sur la politique, je ne le vois qu'à travers un brouillard et il m'arrive souvent de prendre des vessies pour des lanternes.

Je sais bien que quelques-uns de nous s'y obstinent tout de même ; mais ceux-là n'y réussissent pas mieux que moi, car ils n'arrivent jamais à nous raconter clairement et simplement ce qu'ils prétendent avoir appris dans les journaux.

Je dirai encore que ceux qui s'acharnent à lire la politique des grandes feuilles et qui en déraisonnent (c'est le vrai mot), j'aimerais autant leur voir chercher un autre atelier que le nôtre ; en général, ce ne sont pas de fameux sujets, et ce sont de fameux bavards.

J'en reviens à mon dire : les grands journaux politiques, ce sont des choses de luxe, faites pour les riches et pour ceux qui n'ont pas d'autre travail que de les lire jusqu'au bout, et ce travail n'est pas mince.

Maintenant parlons du prix des journaux.

Les *Grands* se vendent 15 centimes ; ils coûtent à faire environ 5 centimes ; ils paient d'impôt 6 centimes, qu'on va réduire à 5 ; il reste en bénéfice 5 centimes pour le journaliste et le marchand, ce qui, ajouté aux annonces, fait un très-beau profit, quand le journal a du succès.

Supposons qu'on supprime l'impôt du timbre et qu'on ne fasse plus payer ce journal que 10 centimes ; on n'en vendra guère plus, les riches ne regardent pas à la dépense d'un sou de plus ou de moins.

L'impôt du timbre sur les journaux politiques

est donc un bon impôt; il ne gêne personne et se paie facilement.

S'il est accepté par les abonnés et les acheteurs, le journaliste n'a pas à s'en plaindre, puisque ce qu'il paye le matin il le reçoit le soir de l'acheteur, ou il l'a reçu d'avance de l'abonné.

Est-ce qu'il en serait de même pour le journal à un sou? Oh ! non; l'impôt quel qu'il soit, obligerait l'éditeur à le faire payer 10 centimes au moins, ce qui le tuerait sans rémission.

Oui, certainement, les journaux à un sou disparaîtraient s'il fallait les faire payer plus cher, puisqu'il n'y a pas de monnaie entre 5 et 10 centimes, le prix serait au moins doublé.

A *dix centimes*, LA PETITE PRESSE, LE PETIT JOURNAL, n'auraient plus d'acheteurs ; car les acheter, c'est une dépense de tous les jours ; à la fin du mois, c'est 3 francs, c'est-à-dire la paie d'une journée pour beaucoup d'entre nous ; à la fin de l'année, c'est plus de 36 francs, de quoi avoir un paletot pour l'hiver. Vraiment, c'est trop cher pour nous !

Faites attention encore que, depuis six ans que cela dure, l'habitude est prise de payer notre journal un sou ; on ne la fera pas changer ; alors on se passera de journaux, et pour le bon ordre de la fabrique, j'avoue que je m'en effraie. Je vous dirai plus tard la raison.

On me répond : Mais pourquoi les petits journaux, qui gagnent beaucoup d'argent, augmenteraient-ils leurs prix ? Qu'on mette 2 centimes de timbre pour la grande feuille, les petits journaux paieraient 1 centime seulement pour leur demi-feuille, ce ne sera qu'un *cinquième* d'impôt sur le prix, et les grands journaux peuvent supporter le *tiers*.

D'après le dire des gens du métier, j'ai toujours cru que les journaux à un sou se vendaient aussi bon marché que possible et qu'il fallait en faire beaucoup pour gagner un peu. Cette fois-ci, j'ai voulu savoir la vérité, et je me suis renseigné près des imprimeurs, chez un marchand de papier, près des marchands de journaux; enfin un peu partout.

Voici le résultat de mes recherches :

Pour chaque numéro vendu 5 centimes, il faut débourser :

Papier un centime et un tiers......	1	34
Tirage un demi-centime.............	»	50
Pour la *rédaction,* la *composition,* l'*administration,* l'*envoi* dans les départements en moyenne, quatre cinquièmes de centime.	»	80
On paie aux *vendeurs* de Paris et des départements une remise de deux centimes...	2	»
Il reste en bénéfice un tiers de centime.	»	'36
Total égal cinq centimes......	5	»

Ce bénéfice ne peut se maintenir que

grâce à un tirage considérable ; si, par exemple, *le Petit Journal*, qui tire à 250,000, était réduit à 100,000 seulement, ses frais généraux mangeraient son bénéfice.

Dans l'état actuel, si vous lui appliquiez un timbre de *deux centimes*, *Le Petit Journal* tiré à 250,000 perdrait sur chaque numéro trois fois plus qu'il ne gagne aujourd'hui.

Si le timbre était de *un centime*, il n'aurait plus de bénéfice, et ses frais généraux n'étant pas couverts, il perdrait sur chaque exemplaire.

Il faudrait donc, nous le répétons, que le prix d'achat fût doublé, ce qui rendrait l'opération complétement impossible, les acheteurs disparaissant.

Mais, a-t-on dit, il n'est pas admissible que des opérations commerciales qui réalisent des bénéfices considérables ne supportent aucun impôt.

Ceci est juste ; aussi je trouve tout simple que les entreprises de journaux à un sou soient, comme tous les autres commerces, soumises à la patente, et qu'ils paient le quinzième ou le vingtième de leur loyer, selon la classe. Je crois même que cela existe déjà pour les directeurs du Petit Journal et de la Petite Presse, qui ont des boutiques et qui paient patente comme libraires.

Ce qui ne serait pas juste, ce serait de les frapper d'un impôt extraordinaire, d'un *impôt de luxe*, qu'ils ne pourraient pas supporter sans succomber.

Je ne peux croire que le Gouvernement le veuille ainsi, parce que cela serait contraire à tout ce qui se pratique en matière de contributions.

Je vois, en effet, que le nécessaire des travailleurs est toujours ménagé.

Les petits logements ne paient pas d'impôts.

L'ouvrier a une contribution personnelle insignifiante ou nulle.

Si sa viande, si son vin, sont lourdement imposés, c'est au profit de la ville, et non pas du Gouvernement.

Pourquoi voudrait-on aujourd'hui abuser du goût innocent de la lecture qu'on nous a donné dans les écoles payées par l'État et nous tenir à haut prix cette récréation honnête et morale?

Assez sur ce point. Je crois vous avoir prouvé, Messieurs, ce que j'ai avancé, à savoir :

Que nos journaux à un sou ne peuvent supporter l'impôt du timbre;

Qu'il serait injuste de le leur appliquer.

Que les timbrer ce serait les détruire.

Maintenant, m'en voilà venu à me demander,

à l'exemple de ces messieurs du Siècle et de l'Opinion, si la destruction de ces journaux à un sou serait vraiment un malheur; si, au contraire, elle n'est pas désirable.

Les journalistes politiques et les écrivains dont la profession consiste à faire de grandes phrases à l'usage des riches, tout ce monde crie après nos journaux: « Ils sont ineptes, » ils sont abrutissants; leur littérature est la » honte de notre âge. »

Pourquoi les gens de la grande presse attaquent-ils si vivement la petite presse?

C'est parce qu'ils espèrent que si on fermait les fabriques de petits journaux, leurs lecteurs oisifs seraient entraînés vers la politique des grandes feuilles!

Comme ils s'abusent, bon Dieu! Qu'ils le sachent donc et qu'ils ne l'oublient pas, la suppression des petits journaux ne donnerait pas aux grands un lecteur de plus.

Cette suppression ne profiterait qu'au marchand de vin ; car, il faut bien se le tenir pour démontré, la politique et la polémique des grands journaux, leur phraséologie (c'est un mot qu'on me souffle), nous n'y entendons rien, et quand nous croyons les comprendre nous en détournons le sens.

C'est pour nous à peu près comme les livres de la Bibliothèque à 25 centimes. Si nous en achetons quelques-uns, si nous les lisons ; la manière de dire, les matières traitées nous laissent hésitant, troublés, inquiets ; nous voyons des lueurs, des éclairs ; la lumière ne se fait pas dans notre esprit.

Dernièrement, pour satisfaire un des nôtres surnommé LE PHILOSOPHE j'ai essayé de lire quelques volumes à 25 centimes : *D'Alembert, Diderot, Fontenelle, Linguet, Montesquieu, Lamennais* ; j'y ai renoncé, il aurait fallu m'expliquer chaque phrase. Il y en a un autre cependant

que j'ai essayé et que j'ai bien compris, c'est
Paul-Louis Courier ; je l'ai lu et relu ; mais je ne
le donnerais pas à nos jeunes compagnons, qui
prendraient tout au pied de la lettre et qui
s'imagineraient que toutes les autorités, y compris celle du contre-maître, ne sont bonnes
qu'à jeter par terre.

En opposition avec les grands journaux et
ces livres que je comprends peu ou point, je
ne crains pas de mettre LE PETIT JOURNAL et
son chroniqueur TIMOTHÉE TRIMM.

On me dit que ce n'est pas un écrivain bien
habile que Timothée Trimm, qu'il se trompe
quelquefois sur le sens et la place des mots.

C'est possible. Moi, je ne suis pas habitué à
débrouiller la grammaire et à en chercher les
finesses, je laisse donc de côté les minuties,
mais j'affirme que cet homme-là, que Timothée Trimm sait ouvrir l'intelligence de nous
autres ouvriers.

J'affirme qu'il nous fait entendre les choses dont nous n'avions jamais eu l'idée ; que ce qu'il met en lumière est bon à regarder ; que les conseils qu'ils donne sont bons à suivre, car ils tendent toujours à faire de nous de bons citoyens, de bons français, de bons camarades, de bon fils, de bons maris et de bons pères.

Le reste de son journal c'est le développement de sa chronique : c'est la morale en action, c'est le récit de ce qu'il est utile d'apprendre, de savoir, de retenir. Jamais personne n'est attaqué ni même blâmé, et le tout se complète par des romans, par des fictions, des récits d'événements historiques ou dignes de le devenir, qui sont présentés dans une forme attrayante et attachante.

Nous qui avons besoin de repos après la rude besogne de chaque jour, nous trouvons là un délassement. Nous lisons ou nous nous faisons lire, pendant que nos membres se détendent, et notre esprit s'agite agréablement pendant que notre corps s'affaisse.

Au lieu d'aller nous exciter l'estomac par l'eau-de-vie et l'absinthe, nous exciter l'esprit par des criailleries et des discussions inutiles, toujours nuisibles et souvent dangereuses, nous passons des soirées paisibles entre camarades ou en famille, et, le lendemain, nous n'en valons que mieux pour le travail qui recommence.

Nous ne craignons pas de laisser notre journal à nos femmes, à nos filles; nous sommes certains qu'elles n'y trouveront aucun mauvais conseil, aucun mauvais exemple.

Ces habitudes tranquilles que je vous signale, je les ai vu naître dans notre usine, croître et se développer depuis l'apparition du Petit Journal et de ses imitateurs. J'en ai étudié le progrès, et j'ai senti que ma besogne de contre-maître, de surveillant du bon ordre et des bonnes mœurs devenait de jour en jour moins pénible, à mesure que la dépense du journal à un sou supprimait les dépenses ruineuses du cabaret ou du caboulot, et je vous avoue que ce serait avec crainte que je verrais revenir le temps d'autrefois.

Voilà ce que je pense des journaux à un sou, voilà les effets que je leur ai vu produire; je ne crains pas de le proclamer bien haut et de signaler comme des calomniateurs ceux qui les accusent de démoraliser, d'abêtir les ouvriers et le peuple. Il faut dire au contraire qu'ils nous instruisent et nous inculquent la saine morale.

On me recommande de vous faire remarquer, avant de finir, que ces petits journaux si utiles, ils donnent le pain quotidien à beaucoup de travailleurs, et que vingt mille personnes seront obligées de demander l'aumône le jour où vous les supprimerez.

Cela, je ne le sais pas par moi-même, mais je l'accepte comme vrai.

Si donc vous preniez cette décision funeste, de timbrer nos journaux à un sou, que le Gouvernement aie le soin de préparer des secours en argent, et comme il y a partout des probités douteuses, comme le cabaret où retourneront mes ouvriers conduit souvent chez le commissaire de police, qu'il n'oublie pas d'augmenter les gendarmes, d'agrandir les prisons et de nommer quelques nouveaux juges.

Agréez, messieurs les députés, l'assurance de mon profond respect.

Urbain DESVAUX.
Fondeur en fer et contre-maître.

Paris, le 18 février 1868.